SEGURANÇA VIRTUAL - O USO DE *HONEYPOTS* COMO FERRAMENTA DE PROTEÇÃO DE INFORMAÇÕES CORPORATIVAS

Nelson Simões Filho

Jaú - SP

SEGURANÇA VIRTUAL - O USO DE *HONEYPOTS* COMO FERRAMENTA DE PROTEÇÃO DE INFORMAÇÕES CORPORATIVAS

Nelson Simões Filho

Jaú - SP

DEDICATÓRIA

Dedico este trabalho a todos os meus familiares, por toda a força que sempre me passaram em todos os momentos da minha vida em especial aos meus pais, meus portos seguros, com quem sempre poderei contar em qualquer etapa do caminho.

AGRADECIMENTOS

Deixo registrada o meu mais profundo apresso e respeito a minha esposa, meu amor, minha incentivadora, que no momento crucial desta caminhada soube, com suas pertinentes palavras, manter minha motivação para superar as adversidades.

Ao Prof. Ms. Sebastião Gândara Vieira, que aceitou o desafio de orientar este trabalho, mesmo com todos os compromissos assumidos anteriormente, conseguindo atender a todos os seus compromissos acadêmicos com a mesma atenção, respeito e presteza que dedicou a esta obra.

Aos meus familiares que passaram ao outro plano, mas estarão sempre presentes no meu coração e nas minhas lembranças.

E evidentemente a Deus, que com sua imensa sabedoria jamais permite que seja colocado sobre nossos ombros peso maior do que eles são capazes de suportar e remove de nossos caminhos todas as adversidades para que não se tornem pedras de tropeço para nós.

RESUMO

A larga utilização de computadores em redes, como tem ocorrido nos dias atuais, contribuiu para a mudança de hábitos anteriormente enraizados. O Advento do *e-commerce* proporcionou que muitos negócios passassem a ser executados através da Internet, proporcionando não apenas maior comodidade no momento da negociação, mas também mais agilidade e eficiência durante todo o processo. Infelizmente este tipo de negócio não despertou apenas o interesse e a atenção dos empresários. Pessoas inescrupulosas dotadas de um grande conhecimento técnico passaram a explorar as falhas existentes nas transações virtuais para obterem ganhos financeiros de forma ilícita. Várias ferramentas de proteção foram desenvolvidas para tentar impedir que estas pessoas de má índole obtivessem êxito em suas ações, porém, a maioria delas ainda são ferramentas passivas que apenas informam aos seus administradores que a invasão ocorreu, sem dar chance de reagir ao ataque a tempo de evitá-lo ou pelo menos minimizar os prejuízos ocasionados por eles. Os *honeypots* vieram para preencher as lacunas deixadas por estas ferramentas de proteção passiva. Eles não apenas aumentam consideravelmente a proteção dos sistemas, mas tem a grande vantagem de permitir que os administradores aprendam sobre as técnicas utilizadas pelos próprios invasores e assim fecharem as portas vulneráveis, bem como desenvolverem ferramentas mais poderosas que permitam uma reação mais efetiva e dinâmica. Enfim, os *honeypots* não vieram substituir as ferramentas de segurança já existentes, mas sim complementá-las e modernizá-las de forma a torná-las cada vez melhores e eficientes.

Palavras Chaves: *Honeypots,* Proteção de Dados, Segurança Corporativa, Detecção de Invasões.

ABSTRACT

The wide use of computers in nets, as it has been happening in the current days, contributed to the change of habits previously taken root. Advent of the e-commerce provided that many businesses passed to be executed through the Internet, not just providing larger comfort in the moment of the negotiation, but also more agility and efficiency during whole the process. Unhappily this kind of business didn't just wake up the interest and the entrepreneurs' attention. Unscrupulous people endowed with a great technical knowledge started to explore the existent flaws in the virtual transactions for us to obtain won financial in an illicit way. Several protection tools were developed to try to impede that these people of bad nature obtained success in their actions, however, most of them is still passive tools that only inform their administrators that the invasion happened without giving chance on time of reacting to the attack to avoid him or at least to minimize the damages caused by them. The honeypots came to fill out the gaps left by these tools of passive protection. They don't just increase considerably the protection of the systems, but has the great advantage of allowing the administrators to learn on the techniques used by the own invaders and they close like this the vulnerable doors, as well as they develop more powerful tools than they allow a more effective reaction and dynamics. And Than, honeypots had not come to substitute the existing tools of security already, but to complement and modernize them of better and efficient form to become them each time.

Key Words: Honeypots, Data Protection, Corporate Security, Detection of Invasions.

SUMÁRIO

LISTA DE FIGURAS

LISTA DE ABREVIATURAS E SIGLAS

ABNT – Associação Brasileira de Normas Técnica
AC – Autoridade Certificadora
AR – Autoridade de Registro
CEF – Caixa Econômica Federal
CNPJ – Cadastro Nacional de Pessoa Jurídica
CPF – Cadastro de Pessoa Física
ICP-Brasil - Infra-estrutura de Chaves Públicas Brasileira
IMESP – Imprensa Oficial do Estado de São Paulo
ITI - Instituto Nacional de Tecnologia da Informação
PASEP – Programa de Formação do Patrimônio do Servidor Público
PIS – Programa de Integração Social
PRODEMGE - Empresa de Tecnologia de Informação do Governo de Minas Gerais
SERPRO - Serviço Federal de Processamento de Dados
SINCOR - Sindicato dos Corretores de Seguros do Estado de São Paulo
SDI – Sistema de detecção de invasão
VTN - VeriSign Trust Network
RPC – Chamada de Procedimento Remoto

1 - INTRODUÇÃO

Os computadores foram projetados para auxiliar e tornar mais fáceis as tarefas e rotinas das pessoas, em especial aquelas tarefas que são do tipo repetitivas e, por este motivo, permitem que sejam executadas de forma programada. A utilização dos computadores inicialmente teve seu foco mais voltado para as grandes corporações, universidades e também forças armadas, haja vista, as necessidades especiais que seus utilizadores precisariam ter, como por exemplo, um enorme espaço físico para acomodá-los, uma fonte de energia constante e confiável, verbas suficientemente elevadas para custear sua manutenção, seus custos operacionais etc.

Com a miniaturização dos *chips*, os computadores deixaram de ser exclusividade das grandes empresas e corporações e seu uso tornou-se bastante difundido em todo o mundo. Agora suas potencialidades estavam acessíveis ao grande público, já que a produção em larga escala, além de ocasionar uma forte redução de seus custos, permitiu que os usuários residenciais passassem a ter seus computadores pessoais.

Não demorou muito para que todos percebessem as potencialidades que a interligação dos computadores em redes poderia oferecer. A criação da Internet foi o impulso que faltava para que eles deixassem de ser equipamentos de uso exclusivo em laboratórios para virarem quase que um novo eletrodoméstico, como a TV e o refrigerador.

Se por um lado o barateamento e o uso dessas máquinas pelo grande público permitiu que todos tivessem acesso a qualquer tipo de informação em qualquer parte do mundo em questão de segundos, permitindo o crescimento cada vez maior das grandes redes, por outro lado, este crescimento não veio acompanhado de uma preocupação de igual intensidade com relação a segurança que os dados que trafegavam na rede deveriam ter, abrindo novas possibilidades para que pessoas inescrupulosas e com conhecimento técnico suficiente se utilizassem deste novo meio de comunicação para praticar atos reprováveis e até mesmo crimes que se convencionou chamar de virtuais.

As facilidades e a comodidade que a Internet nos trouxe são tamanhas que sua invenção com certeza ajudou a modificar o comportamento de todos os seus usuários. Com um simples clique podemos não apenas visitar *sites* de outros países, mas também negociar produtos, serviços, viagens e um incontável número de outras possibilidades, sem a barreira dos limites demográficos, podendo comprar desde livros até equipamentos e maquinários industriais ou ainda pagar contas sem ter de enfrentar fila ou burocracia.

Mas, por trás dessas facilidades, existem algumas dificuldades que exigem nossa atenção. Em muitos casos são armadilhas virtuais criadas para enganar usuários menos preparados, transformando-os em potenciais vítimas. Contudo, tomando certos cuidados para utilizar as ferramentas da Internet é possível minimizar bastante os riscos e navegar com tranqüilidade, sempre lembrando que toda segurança é pouca.

O objetivo deste trabalho não é apenas conscientizar sobre a necessidade de se precaver com relação as informações que disponibilizamos ou consultamos na rede, mas também, prevenir sobre a forma como interagimos com ela e os cuidados que precisamos ter, assim como fazemos em nossas vidas pessoais. O crime virtual deixou de ser obra de ficção científica e passou a ser tão corriqueiro quanto o crime cometido na vida real.

Somente conhecendo nosso adversário é que poderemos enfrentá-lo com maior possibilidade de sucesso. Se soubermos como eles agem e o que fazem após comprometerem um sistema, conheceremos as vulnerabilidades que os mesmos possuem e assim poderemos fechar estas "portas". É como deixar um pote de mel aberto propositalmente, para atrair os insetos que pretendemos capturar e estudar em seguida.

Investir na segurança das informações deixou de ser opção, e passou a ser uma necessidade, pois o vazamento de dados essenciais pode causar prejuízos financeiros de grande monta para as corporações e por extensão a toda a sociedade. As ferramentas utilizadas até aqui em sua grande maioria possibilitam apenas uma proteção passiva.

Por este motivo, um grupo de pessoas passou a se dedicar ao desenvolvimento de outro tipo de ferramenta, que permitisse aprender com os próprios invasores os seus métodos, características, motivações etc. Esta ferramenta permite uma interação tão grande que seus administradores adquiriram uma gama enorme de possibilidades de ação, indo desde uma simples advertência até um contra-ataque ou mesmo, ações judiciais contra estes invasores.

Daí surgiu o termo *honeypot*, ou literalmente falando "pote de mel", que será tratado neste trabalho a partir de agora, mostrando o quão útil e eficiente pode ser este novo conjunto de ferramentas a todos os usuários de computadores em rede de uma maneira geral.

2 - SEGURANÇA VIRTUAL E INFORMAÇÕES CORPORATIVAS

Assim como nos crimes convencionais, em crimes virtuais seus praticantes possuem características de atuação e certos crimes são cometidos quase que de forma idêntica ao anterior. Conhecer o modo como um criminoso tende a agir é uma grande arma que possuímos não apenas para pegá-lo, mas também prevenir e tomarmos as providências cabíveis a tempo de que ele não tenha sucesso em sua realização. A expressão "prevenir é melhor do que remediar" nunca foi tão real e merecedora de crédito quanto nos dias atuais.

É certo que os administradores de redes estão bem mais conscientes da necessidade de protegerem as informações sob sua responsabilidade do que os seus antecessores. O uso de equipamentos e *softwares* cada vez mais sofisticados tem sido empregados com o intuito de pelo menos dificultar ao máximo as invasões e acessos não permitidos, o que já é um grande avanço. Alguns desses *softwares* já estão bem difundidos, como o uso de *firewalls*, antivírus mais poderosos e até mesmo Intrusion Detection System (IDS) ou Sistemas de Detecção de Intrusos (SDIs), que podem advertir aos administradores sobre violações de segurança.

No entanto, eles continuam a ser equipamentos passivos, o que possibilita ao atacante continuar a tentar mesmo que suas primeiras investidas não tenham obtido muito sucesso. Foi pensando nisso e tendo como base as tentativas de ataques já sofridas que começou a ser planejado métodos e estratégias de proteção e até contra-ataque que possibilitassem conhecer o atacante e anulá-lo. A esse conjunto de ferramentas de *softwares* e *hardwares* é que foi empregada a expressão *honeypot*.

2.1 – DEFININDO O ATIVO A SER PROTEGIDO

É uma verdade incontestável que os sistemas corporativos, seus arquivos, seus programas, suas informações em geral precisam e devem ser protegidos e defendidos a todo custo. Porém, a maioria das empresas é de pequeno ou médio porte, e desta forma, não dispõem de grandes somas para investirem em sua própria segurança. Grande parte delas nem ao menos possui um profissional responsável para cuidar da segurança dos dados da corporação.

Normalmente esta tarefa é executada por alguém do setor de informática, quando existe este setor, mas que não necessariamente é um profissional voltado à área de segurança. Pelo contrário, quase sempre não o são. A maioria destas corporações nem entende ainda que os valores gastos com proteção de dados e informações são investimentos e não apenas custo.

Investimento sim, pois, ninguém confiaria numa empresa que não tem uma política de segurança enraizada em seus colaboradores. Ninguém em sã consciência deixaria seu dinheiro em um banco que não preza em proteger os dados e as contas de seus correntistas. Imagine o quão prejudicial pode ser para uma corporação o simples fato de vazar ao grande público que seus computadores foram invadidos e podem ainda estar comprometidos com vírus, *worms*, *trojans,* etc.

Imagine ainda uma empresa que comercialize produtos para redes e segurança que não tem sistemas defensivos e de detecção de intrusão. Ninguém mais compraria seus produtos e na melhor das hipóteses ela sofreria apenas prejuízos financeiros por conta do cancelamento de contratos ou de compra de produtos por parte de seus clientes.

Uma das primeiras atividades que devem ser executadas no sentido de proteger os dados é saber o que realmente se deseja proteger. Se o responsável pela área de segurança de informações de uma empresa ainda não pensou nisso ele é um sério candidato a ter os sistemas sob sua supervisão violados a qualquer momento.

Em corporações onde o investimento em segurança é de menor monta, escolher o que deve ser protegido é uma das tarefas mais importantes a ser definida tanto pelos administradores do sistema, quanto pelos donos ou acionistas. Sempre é muito difícil quantificar o tamanho do retorno que um sistema seguro pode oferecer a seus usuários, mas, é perfeitamente fácil quantificar as perdas sofridas.

Mas, se não há recursos suficientes para proteger tudo, até porque não se justifica investir R$ 10,00 para proteger apenas R$ 5,00, o que será protegido tem que ser muito bem escolhido. Se um *hacker* invadir o *site* de uma empresa que o utiliza apenas para fins de propaganda, causará transtornos com certeza, mas, dificilmente fará com que as operações dessa empresa deixem de ser executadas. Agora, se ele invadir o sistema financeiro (a folha de pagamento dos funcionários, por exemplo), o banco de dados dos clientes, as informações pessoais desses clientes, aí o prejuízo será consideravelmente maior.

Tornaria-se uma tarefa muito difícil e desgastante dizer aos funcionários de uma corporação que eles não receberão seus salários a tempo de honrar seus compromissos porque os administradores imaginaram que seus sistemas estavam inalcançáveis e por isto não investiram em segurança. Pior ainda, seria ter que dizer aos seus clientes que o número de seus cartões de crédito vazou e que podem ser alvo de fraudes a qualquer momento.

Até pouco tempo atrás o investimento em segurança das informações era uma opção da empresa por não existir nenhuma exigência legal. Passado algum tempo, investimentos nessa área tornaram-se necessários por proporcionar maior confiança dos consumidores e agregar valor aos produtos. Hoje, preservar a segurança das informações dos clientes e, por este motivo, investir no setor de segurança das informações passou a ser uma exigência legal porque a própria lei, em diversas situações prevê e até exige a conservação de arquivos em formato digital.

O art. 11 da Lei nº 8.218, de 29 de agosto de 1991 determina que as pessoas jurídicas que possuírem patrimônio líquido com valor significativo e utilizem sistema de processamento eletrônico de dados para registrar negócios e atividades econômicas, escriturar livros ou elaborar documentos de natureza contábil ou fiscal ficarão obrigados a manter, em meio magnético ou assemelhado, à disposição do Departamento da Receita Federal, os respectivos arquivos e sistemas durante o prazo de cinco anos.

Não atender a essa exigência poderá acarretar multa de meio por cento do valor da receita bruta da pessoa jurídica no período ou multa de cinco por cento sobre o valor da operação correspondente, aos que omitirem ou prestarem incorretamente as informações solicitadas.

As empresas que trabalham com venda ao consumidor final também estão obrigadas a aumentar seus investimentos em segurança da informação, pois, conforme o Código de Defesa do Consumidor (Lei nº 8.078/90) art. 39, inciso VIII, é vedado ao fornecedor de produtos ou serviços colocar no mercado de consumo qualquer produto ou serviço em desacordo com as normas expedidas pelos órgãos oficiais competentes ou, se normas específicas não existirem, pela Associação Brasileira de Normas Técnicas (ABNT).

Segundo Gomes (2002), Pela própria inteligência dos artigos supramencionados vê-se que o investimento em segurança das informações é uma obrigação e todos aqueles que não se atêm a esta situação poderão amargar grandes prejuízos.

Uma vez que dados privados serão transmitidos pela Internet, que é um meio de transmissão inseguro, eles devem ser protegidos de forma a não permitir que sejam modificados ou interceptados.

Muitas empresas e usuários domésticos não se preocupam tanto com a segurança de seus sistemas, podendo levar à perda de dados, indisponibilização de um serviço ou de um sistema, entre outras possibilidades mais graves.

Apesar de a maioria dos ataques ainda ser ocasionados por pessoas internas às corporações, em sua grande maioria funcionários ou pessoas autorizadas a trafegar em seu ambiente interno, ataques virtuais tem ocorrido com freqüência cada vez maior, geralmente por *Hackers* e *Crackers* que se utilizam da Internet para conseguirem acesso às máquinas administrativas internas das empresas.

Sempre que o assunto for segurança de dados ou informações, não se pode esquecer da segurança física dos computadores, informações e da própria rede corporativa, uma vez que, a maior parte dos ataques e violações de acesso ainda ocorrem e são praticados por pessoas de dentro das organizações.

3 – SEGURANÇA E CERTIFICAÇÃO

3.1 – FUNCIONAMENTO DAS ASSINATURAS DIGITAIS

As assinaturas digitais permitem que o receptor possa confirmar a autenticidade da origem das informações recebidas, assim como, se esta não sofreu alterações durante o percurso. Isso é possível porque tanto o transmissor quanto o receptor precisam estar habilitados a estabelecer a conexão entre suas máquinas. As assinaturas eletrônicas permitem ainda que o receptor se resguarde da possibilidade do transmissor dizer que não enviou a suposta informação. Como somente ele possui aquela chave privada, não há como negar que foi através de seu micro que os arquivos foram transmitidos.

Algoritmos matemáticos bastante complexos são utilizados para criptografar os documentos de forma que somente o transmissor e o receptor original possam estabelecer a comunicação. Seu funcionamento parte do princípio do uso de chaves públicas e chaves privadas. O transmissor é portador de uma chave privada a qual ninguém mais tem acesso. O receptor nem precisará possuir a chave privada do transmissor, basta a ele apenas possuir a chave pública vinculada a chave privada dele. Isto já garante que a autenticidade das informações trocadas será mantida.

Essa técnica de usar chaves públicas e chaves privadas funciona bem, entretanto, pode se tornar bastante lento, uma vez que o processo de criptografia aumenta seu tamanho, por vezes chegando a ficar com o dobro do tamanho original sem contar o tempo gasto com a decriptação. Para contornar esse problema foi criado o processo que se convencionou chamar de *hash function*.

Esta função tem a finalidade de calcular o tamanho da mensagem tendo como base de cálculo a quantidade de caracteres contidos no arquivo que está sendo transmitido. Este processo também utiliza algoritmos muito complexos para atribuir este valor. Se alguém desautorizado tentar efetuar alterações, ainda que muito sutis, o valor *hash* calculado pelo algoritmo se alterará e tornará inválido o arquivo.

A Certificação Digital é como uma assinatura virtual tornando mais segura a prática de atividades on-line, como o uso de Internet *banking*, compras e declaração de Imposto de Renda. Essa certificação atesta a identidade de uma pessoa ou instituição na Internet por meio de um arquivo eletrônico assinado digitalmente.

No entanto, ao contrário do Registro Geral (RG), documento de identificação que qualquer pessoa maior de idade possui e que uma vez tirado jamais terá seu número alterado, a certificação digital tem validade e o prazo de vigência do documento eletrônico varia em função do tipo de certificado.

O Certificado Digital funciona como uma carteira de identidade virtual, um documento eletrônico que contém dados do titular como nome, e-mail, seu número no Cadastro de Pessoa Física (CPF), dois números denominados, chave pública e privada, além do nome e da assinatura da Autoridade Certificadora (AC) que o emitiu. A chave privada é que garante o sigilo dos dados do titular que assina a mensagem e a pública permite que ele compartilhe com outras pessoas a informação protegida por criptografia.

A criptografia é a técnica de transformar dados em códigos indecifráveis para serem transportados de um ponto a outro sigilosamente. As chaves (pública ou privada) são o que permitem decodificar estes dados.

Para conseguir uma certificação digital, o interessado precisa preencher um formulário contendo os seus dados, efetuar o pagamento da taxa conforme o modelo do documento e a solicitação só é aceita quando está sendo feita presencialmente na autoridade certificadora. Tomada estas medidas, o interessado deve ainda comparecer a uma Autoridade de Registro (AR) com seus documentos pessoais, ou seja, RG, CPF, título de eleitor, um comprovante de residência e o número do seu Programa de Integração Social (PIS) ou ainda seu Programa de Formação do Patrimônio do Servidor Público (PASEP), caso o interessado seja um servidor do serviço público.

Estrangeiros também podem requerer uma certificação digital, para isso, além dos documentos pessoais necessitará levar também seu passaporte, que evidentemente deverá estar válido.

Se o requisitante for uma pessoa jurídica (empresa), além dos documentos pessoais acima descritos da(s) pessoa(s) responsável(eis) deve ainda comprovar o seu registro na junta comercial do seu Estado, o ato constitutivo, o seu número no Cadastro Nacional de Pessoa Jurídica (CNPJ) e o seu estatuto ou contrato social dependendo do caso em que foi registrada, ou seja, como Companhia Limitada (LTDA) ou Sociedade Anônima (S/A).

O emprego de uma certificação eletrônica garante que as trocas de pacotes entre os dois computadores envolvidos na transação possam ser reconhecidas sem que fiquem dúvidas sobre uma das partes ser um computador não autorizado tentando roubar informações. Além disso, a segurança estabelecida na conexão fica enormemente aumentada, uma vez que, o sigilo dos dados trafegados nesta transação estará garantido por uma AC.

Dentre as garantias que se pode conseguir com o emprego de uma certificação digital podemos destacar:

- **Autenticidade da Transação** – Tanto o receptor da mensagem ou documento em questão, quanto o responsável pela sua emissão estarão comprovadamente autenticados e com isso garantidos.

- **Confidencialidade** – Ambas as máquinas que estão se comunicando estarão garantidas contra "escutas" clandestinas, uma vez que, somente elas possuirão as chaves que permitirão a decriptação dos dados.

- **Integridade dos dados** – Haverá a certeza de que os dados chegarão de forma integra (sem truncamento) já que o emprego da técnica *hash function*, acima descrita, não permitirá que se consiga abrir os dados e acusará erro por conta da diferença de tamanho do pacote transmitido com o que foi recebido.

- **Não repúdio de transações** – Como as partes interessadas estão certificadas, não pode existir o repúdio das transações efetuadas, quer dizer, ninguém poderá alegar que o pacote de dados transmitidos não partiu do computador em questão, uma vez que ele está autenticado por uma AC e tem suas características bem definidas.

O não repúdio garante que este micro não seja utilizado para fins prejudiciais a terceiros, ou mesmo para atos ilegais, já que ele poderá ser facilmente identificado e está registrado. Significa que o responsável pelas máquinas autenticadas terá uma responsabilidade muito maior com a segurança do seu sistema e por extensão com os sistemas daqueles que efetuam algum tipo de transação com ele.

Em complementação às informações acima descritas, podemos dizer que as ACs são instituições autorizadas pelo Instituto Nacional de Tecnologia da Informação (ITI) a emitir certificados garantidores de integridade e veracidade de informações digitais. Por sua vez, o ITI é uma autarquia do governo federal vinculada à Casa Civil da presidência da República.

O ITI é a primeira autoridade da cadeia de certificação. Trata-se da AC raiz e por este motivo, tem a obrigação de garantir a execução das normas técnicas operacionais e de segurança estabelecidas pelo comitê gestor do órgão responsável pela Infra-estrutura de Chaves Públicas Brasileira (ICP-Brasil). As ACs autorizadas a emitir certificados digitais no Brasil atualmente são as seguintes:

- **Serviço Federal de Processamento de Dados (Serpro)** – é atualmente a maior empresa pública de prestação de serviços em tecnologias da informação brasileira. É uma empresa vinculada ao Ministério da Fazenda;

- **Companhia de Tecnologia da Informação do Estado de Minas Gerais (Prodemge)** - Empresa responsável pela tecnologia de informação do Governo de Minas Gerais;

- **Serasa** – Empresa privada que hoje está entre as maiores empresas do mundo em análises e informações para decisões de crédito e apoio a negócios;

- **Sindicato dos Corretores de Seguros do Estado de São Paulo (Sincor)** - Está vinculada ao Sindicato de Corretores de Seguros do Estado de São Paulo e tem autorização para cumprir todos os papéis necessários como Autoridade de Registro e Autoridade Certificadora;

- **Imprensa Oficial do Estado de São Paulo (Imesp)** – Atualmente é o terceiro maior parque gráfico estatal do ocidente, perdendo apenas para o Vaticano e o do congresso americano;

- **Caixa Econômica Federal (CEF)** - É um dos bancos oficiais do governo brasileiro. Criado em 1861 é atualmente o principal agente das políticas públicas do governo federal;

- **CertiSign** – Atualmente é a líder no mercado brasileiro de certificação digital, sendo a responsável por mais de 70% de toda a certificação digital concedida. Foi uma das três primeiras empresas certificadoras do mundo e única atualmente no Brasil autorizada a operar em múltiplas hierarquias, como por exemplo, ICP-Brasil, VeriSign Trust Network (VTN) e hierarquia privada.

Está em curso no ITI a regulamentação para que o Estado do Rio Grande do Sul se torne a oitava AC brasileira. Entretanto, ela deverá ser uma autoridade certificadora exclusivamente para os gaúchos.

Quanto às ARs, são elas que fazem o reconhecimento presencial de todos aqueles que solicitam uma certificação digital para que não sejam cometidas fraudes na autenticação. O Brasil caminha para uma quantidade aproximada de 1.200 ARs espalhadas por todo o território. Dentre aquelas ARs já autorizadas estão empresas como Correios, Caixa Econômica Federal, Sincor, Banco do Brasil, Bradesco, Itaú, Itautec e diversas outras.

Quando uma pessoa (física ou jurídica) solicita um registro de certificação junto a uma das ACs, estas orientam primeiro o requisitante a procurarem uma AR para que seja feito o seu reconhecimento presencial. Só então o processo pode seguir seu andamento normal de reconhecimento por parte das ACs.

3.2 – MOTIVAÇÃO PARA OS ATAQUES

São vários os motivos que podem levar uma pessoa ou grupo de pessoas a praticarem ataques a outras redes e micros, dentre eles podemos citar:

- **Intenção de obter ganhos financeiros** – Este tipo de crime tem se tornado cada vez mais freqüente, uma vez que os criminosos estão se sofisticando a cada dia. São motivados por conseguirem obter lucros aproveitando as vulnerabilidades e falhas sistêmicas. Muito praticado por pessoas que possuem grande conhecimento técnico;

- **Desejo de testar conhecimentos adquiridos** – Praticados por estudantes que desejam colocar em prática ou testar o que aprenderam;

- **Curiosidade** – Determinadas pessoas desejam saber como funciona uma outra rede, algumas vezes sem nenhuma intenção de tirar vantagem com isso;

- **Vingança** - Normalmente orquestrada por ex-funcionários demitidos ou que se sentiram prejudicados ou preteridos por outros;

- **Busca de emoção** – Também muito comum entre os jovens que possuem conhecimento técnico suficiente sobre o assunto;

- **<u>Auto-afirmação ou necessidade de respeito</u>** – Este aqui é o motivo que na maioria das vezes as pessoas que se consideram sub aproveitadas em suas empresas e nas suas carreiras alegam, e desta forma, tentam conseguir sua auto-afirmação e respeito. É uma forma de tentar compensar esta frustração.

Ataques a *sites* de bancos, *sites* governamentais, provedores de acesso estão cada vez mais comuns. Até mesmo a poderosa National Aeronautics and Space Administration (NASA), ou seja, a popularmente conhecida agência espacial americana e o próprio pentágono não escaparam desses ataques e já foram alvos de *hackers* que "picharam" sua página e escreveram palavras de ordens contra o governo americano.

Isso demonstra que os atacantes estão cada vez mais ousados, audaciosos, criativos e capacitados em conhecimento, o que os tornam perigos reais às atividades de qualquer empresa ou mesmo governo.

3.3 – ENGENHARIA SOCIAL

Uma das formas que os invasores utilizam para conseguir acesso as informações necessárias a execução de suas invasões é através do que se convencionou chamar de engenharia social. Engenharia social são técnicas que utilizam as próprias características humanas para conseguir reunir informações sigilosas e com elas ter maior possibilidades de quebrar a segurança de empresas, sistemas, etc.

Existem diversas formas de conseguir informações com o que se convencionou chamar de engenharia social. É incrível o que se pode conseguir apenas com uma atitude respeitosa, roupa adequada, palavras dita no momento certo e para a pessoa certa. Tudo isto faz parte dos métodos usados pelo "engenheiro social". Alguns autores costumam dividir a engenharia social em duas categorias, a física e a psicológica.

Dentre os métodos mais utilizados na categoria física podemos citar:

- Obtenção de informações através do que foi descartado no lixo, seja ele eletrônico ou papeis;
- Passar-se por outra pessoa. Dessa forma, ele pode ter acesso a setores de uma organização que normalmente alguém estranho a rotina de trabalho não teria e com isso conseguir obter ganhos para seu proveito próprio;
- Pegar documentos impressos que foram esquecidos nas impressoras;
- Verificar a digitação de senhas por parte de um funcionário e memorizá-las para posterior utilização;
- Escutar conversas estabelecidas entre duas pessoas sobre negócios corporativos;
- Escutas telefônicas, etc.

Estes tipos de engenharia social são na maioria das vezes facilitadas pela falta de cuidado das pessoas envolvidas, que acabam abrindo brechas para que informações importantes vazem a terceiros que não deveriam ter acesso a elas. Podemos citar como exemplo os executivos que discutem em pleno restaurante, as novas ações que serão empregadas por suas empresas.

Já na categoria engenharia social que utiliza métodos psicológicos, as táticas são bem mais sutis, porém, surtem um efeito impressionante. Sendo respeitosa e atenciosa com um funcionário da segurança, por exemplo, algumas pessoas acabam obtendo acesso ao interior da empresa, fingindo que vai aguardar alguém que ela já sabe que não estará presente naquele dia ou horário. Isso permite que possa prestar atenção a tudo que acontece naquele determinado local.

Outros utilizam a técnica de se passar por alguma autoridade importante e com isso consegue a colaboração de alguns funcionários, que normalmente não o conhecem, mas por medo de perderem seus empregos acabam colaborando ou fornecendo informações preciosas.

Tem até mesmo aqueles que se utilizam a gentileza e com isso conseguem entrar na empresa. Os motivos alegados são muitos, que esqueceram o crachá em casa, porém, precisam estar presentes em uma reunião importante que está acontecendo; que estão aguardando uma importante ligação e precisam estar em sua sala quando ele acontecer para evitar a perda de um contrato; etc.

Os motivos são muitos, as técnicas utilizadas idem, mas o fato é que de uma forma ou de outra, uma pessoa esperta, bem treinada e com desenvoltura pode conseguir informações importantíssimas apenas na conversa. Essas formas de entrar em contato com as informações das empresas são importantes e o melhor de tudo é que não precisam da utilização da força bruta para obter êxito.

Normalmente uma pessoa comum não está atenta o suficiente para alguém que está tentando manipulá-las, e pela própria característica humana acaba estabelecendo uma conversa amistosa que permitirá ao engenheiro social saber de fatos importantes de uma determinada organização. Com isso eles acabam se mantendo informados sobre diversas questões dessa organização, inclusive sobre sua segurança tecnológica e de suas informações sem correr grande risco de ser descoberto.

O engenheiro social ainda pode se utilizar de outras armas para somar ao que conseguiram obter de informações nas técnicas acima descritas, como enviar *e-mails* pedindo confirmações cadastrais, propagar vírus por correspondências eletrônicas que permitirão que ele tenha acesso ao sistema da empresa, uso de cavalos de tróia, etc.

Por tudo isso, não basta apenas garantir a segurança através de sofisticados equipamentos e ferramentas modernas. É necessário que todos os funcionários tenham idéia que fazem parte de um todo e que uma informação passada a alguém desautorizado, ainda que de forma inocente, pode acabar comprometendo todo o sistema de segurança da corporação inteira.

3.4 – TIPOS DE PROTEÇÃO CONTRA INVASORES

3.4.1 - *Firewall*

Literalmente a palavra significa parede de fogo. Na verdade é uma equipamento "corta fogo". Basta entender como fogo todo acesso não permitido ou desautorizado. Ele nada mais é que um equipamento ou programa utilizado para proteção do controle do tráfego de um sistema e seu acesso ao ambiente externo, mais precisamente, à Internet.

Sua função é proteger o sistema ou computador ou rede a qual ele está vinculado utilizando regras de acesso e filtragem estabelecidas pelo administrador da rede ou pelo proprietário do computador a ser protegido. Existem *firewalls* que controlam os pacotes que trafegam na rede e desta para a Internet, assim como os que controlam as aplicações que poderão ser utilizadas ou não dentro da mesma.

Não existe um tipo melhor do que outro. O que se precisa é definir exatamente qual dos dois tipos mais se adequará ao tipo de proteção que a rede necessita.

3.4.2 - Sistemas de Detecção de Intrusos (SDI)

É uma variante do inglês *Intrusion Detection System* (IDS). Em termos gerais os SDIs são programas que tem a finalidade de detectar acessos não autorizados, atividades suspeitas, maliciosas ou anômalas que ocorrem dentro de um sistema. Dependendo do seu tipo e em conjunto com outros programas ele pode tomar algumas medidas previamente estabelecidas pelos administradores da rede para proteger a mesma, entre elas, avisar ao administrador que uma tentativa de acesso não autorizada está em curso, ou que um determinado sistema teve sua segurança quebrada e foi invadido.

O Primeiro registro de um modelo de SDI foi o que a Dra. Dorothy Denning desenvolveu por volta do ano de 1984 e este recebeu o nome de Intrusion Detection Expert System (IDES). Teve grande incentivo por parte do governo americano, que vislumbrou ali uma importante ferramenta para proteção contra invasões internas e externas a seus sistemas.

Dentre as funcionalidades que um SDI pode oferecer estão o rastreamento das atividades dos usuários, reconhecimento e comunicação ao administrador sobre possíveis alterações nos dados, "percepção" de ataques ao sistema, detecção de erros na configuração do sistema e muitas outras. Entretanto, ele não é um sistema perfeito. Ele detecta, mas tecnologicamente ainda não consegue compensar fraquezas dos equipamentos de autenticação e validação.

Também não consegue compensar os problemas encontrados com os protocolos de rede, assim como não conseguem ainda investigar sozinho os ataques sem que uma pessoa esteja interferindo para auxiliá-lo e tem dificuldades em detectar problemas de invasão quando os ataques estão ao nível de pacotes.

Atualmente existem diversos tipos de SDIs, como por exemplo, os que são baseados em assinaturas, os baseados em anomalias, baseados em rede, baseados em *host* ou servidores e baseados em *kernel*. A seguir, seguem algumas vantagens e desvantagens de alguns SDIs.

- **<u>Baseados em assinaturas</u>** – Tem como grande vantagem o baixo número de alarmes falsos, também conhecidos como falsos positivos. Isto facilita muito a vida do administrador, que não recebe tantos avisos irreais de ataques. Outra vantagem é que ele identifica muito rapidamente algumas técnicas de ataques previamente definidas e o uso de algumas ferramentas invasivas. Uma das desvantagens está no fato de eles só poderem fornecer informações sobre tipos de ataques já conhecidos. Desta forma, o administrador precisa fazer atualizações constantes na base de assinaturas de ataques;

* **Baseado em anomalias** – Como vantagem ele oferece a possibilidade de detectar um ataque sem necessariamente conhecer os detalhes do mesmo por conta do comportamento não previsto do sistema. E ainda estes sistemas são geradores de informações que poderão tornar-se novas assinaturas de ataques. As desvantagens são um excessivo número de alarmes falsos por conta de comportamento inesperados tanto de sistemas quanto de usuários e também torna a vida do administrador muito dificultada por conta de tentativas de estabelecer tabelas comparativas de anomalias e comportamentos normais;

* **Baseados em *Host*** – Suas vantagens são a de ter capacidade de associar um usuário a um evento, poder detectar ataques que até mesmo os sistemas de detecção de intrusão de redes encontram problemas para identificar, conseguem analisar dados mesmo que eles estejam encriptados. Suas desvantagens são que se o hacker tiver sucesso e conseguir desativar o sistema operacional, o SDI parará de funcionar. Outra desvantagem é que todos os servidores precisarão ter um SDI baseado em *host* instalado nele para funcionarem corretamente. Ele precisa de recursos vindos do próprio *host* para funcionar e ainda

são bastante vulneráveis quando os ataques são do tipo de negação de serviço.

3.4.3 - *Logs*

Primeiramente vamos estabelecer como *log* os registros que as máquinas (computadores) efetuam para demonstrar as atividades que foram executadas em seus sistemas. Os *logs* são uma fonte importantíssima de informação para os administradores de sistemas e de redes quando precisam analisar o que está acontecendo nos computadores sob sua supervisão.

No que diz respeitos aos logs gerados por conta de invasões e comprometimento de sistemas, podemos dizer que os mais importantes são aqueles provenientes dos registros feitos pelos equipamentos utilizados como *firewall* ou então aqueles que são registrados dentro dos SDIs.

3.4.4 - Antivírus

Os antivírus são aqueles programas de computadores que tem a finalidade de detectar e eliminar outros programas maliciosos que são construídos por *hackers* para comprometerem os sistemas de terceiros. Eles são utilizados também para remover de um computador estes programas maliciosos, caso ele já tenha sido infectado. Estes programas maliciosos que são comumente chamado de vírus ou *worms* e são desenvolvidos quase que diariamente. Os antivírus fornecem, além do já citado, proteção adicional contra novas invasões ou contaminações por parte destes programas.

É muito difícil dizer quantos antivírus existem atualmente. Eles são encontrados de todas as formas e para todo tipo de sistema operacional. Muitos até são fornecidos gratuitamente. Entre os mais conhecidos estão o Norton Antivírus, o Panda Software, o AVG, o Mcaffe, F-Prot, Inoculete IT entre outros.

Eles são atualmente a forma mais difundida de proteção para computadores, redes e sistemas existente. São bastante efetivos e muito eficientes desde que seus usuários tenham a preocupação de manter suas listas de vírus atualizadas, o que é o mesmo que dizer que o antivírus deve estar atualizado. De nada adianta ter um antivírus instalado se ele não sofre atualizações constantes, porque como já foi dito, diariamente aparecem novas assinaturas de vírus.

Um antivírus desatualizado fornece uma falsa sensação de segurança e quando menos esperar o administrador do sistema pode ter o seu comprometido por um destes *softwares* maliciosos.

3.4.5 - *Backup*

Segundo Freedman, o termo *backup* significa "cópias de dados em um outro meio de armazenamento para situações de emergência" (p.32.1995).

Eles nada mais são do que pegar as informações importantes e gravar em outro local para garantir que numa emergência o sistema possa ser restabelecido sem grandes problemas. É muito usado para processos de contingência onde um sistema foi comprometido e precisa ser refeito. Os administradores conscientes têm a preocupação de garantir que eles sejam executados com qualidade e possam recuperar as informações de uma organização.

Na verdade eles têm uma importante função preventiva para o caso de alguma falha grave ocorrer nos computadores e nos servidores. Como os dados essenciais foram salvos através dos backups, as perdas são minimizadas drasticamente e o risco de perdas diminuído.

4 – *HONEYPOTS* E APLICAÇÕES

Como já foi dito anteriormente, o sentido literal de *honeypot* é pote de mel, mas *honeypots* podem ser máquinas que monitorem o comportamento de um invasor, analisam vulnerabilidades sistêmicas, táticas de invasão, etc. Este termo foi empregado pela primeira vez no ano de 1998 com a criação da ferramenta *DetectionToolkit* por Fred Cohen. Sua intenção era utilizá-la para emular as possíveis vulnerabilidades sistêmicas ao mesmo tempo em que coletava informações sobre os ataques sofridos.

Os *Honeypots* podem ser desde máquinas que emulem o próprio sistema, até sistemas inteiros preparados por pessoas especializadas em segurança de dados para serem invadidas e comprometidas. Aliás, *honeypot* só tem sentido se ela realmente for invadida, pois de outra forma, não é possível tirar lições de como as invasões ocorrem, que tipo de dados são mais vulneráveis, o que o *hacker* faz após ter comprometido um sistema etc.

Embora menos utilizados, a palavra também é por vezes empregada para designar as pessoas que estão diretamente ligadas a proteção do sistema, normalmente profissionais voltados para a área de segurança das redes.

Objetivamente, *honeypots* nada mais são do que a disponibilização de recursos de segurança (áreas do sistema) de forma que possam ser atacados, invadidos e propositalmente comprometidos, podendo ser utilizados ainda para distração de pessoas maliciosas que estejam trafegando pela rede (*honeypots* de produção) ou mesmo para monitorar um possível ataque (*honeypots* de pesquisa). Costuma-se dividir os *honeypots* em *honeypots* de produção e *honeypots* de pesquisa.

4.1 – *HONEYPOTS* DE PRODUÇÃO

São muito utilizados para iludir o invasor que pensa estar dentro do sistema da empresa, mas na verdade está em uma máquina que apenas emula o sistema. Ele na maioria das vezes serve como distração para os atacantes, que acabam perdendo tempo precioso com uma máquina que fornece respostas tais que faz parecer ser o próprio sistema que se pretende invadir, permitindo que durante este processo o administrador tenha tempo de tomar providências que limitem o acesso do invasor.

Como o ataque é muitíssimo limitado, por estar sendo executado em uma máquina que emula o sistema, este tipo de *honeypot* é dito como de baixa interação. Entretanto, ele consegue armazenar informações importantíssimas sobre de onde partiu o ataque, qual foi o método utilizado. Este tipo é muito útil para capturar assinaturas de vírus e identificar computadores infectados.

4.2 – *HONEYPOTS* DE PESQUISA

São mais utilizados para se conhecer o modo como o hacker opera e quais as portas vulneráveis que ele mais utiliza para acessar a rede. Este tipo de *honeypot* tem um grau de comprometimento bem mais amplo que a anterior, já que se pretende descobrir o modo de operação do invasor. Como o nível de comprometimento é maior, se o *honeypot* não estiver configurado corretamente ou se o responsável pela segurança não tiver os conhecimentos necessários para operá-la, pode servir de ponto de partida para uma real invasão a outros sistemas.

Normalmente ele é colocado dentro do próprio sistema, não diretamente, mas se o invasor perceber que está sendo monitorado, poderia ter tempo suficiente para apagar os logs de registros ou até mesmo usá-lo para invadir o sistema real de empresa.

Eles ainda são subdividos pelo nível de interação sistêmica que proporcionam aos seus usuários conforme segue.

4.2.1 – *Honeypots* de Baixa Interação

Estes são do tipo que apenas emulam os serviços fornecendo respostas falsas ao invasor. Este é tipo de *honeypot* mais indicado para aqueles que desejam se utilizar desta ferramenta, mas ainda não possuem conhecimentos muito aprofundados. Sua maior vantagem é que a exposição do sistema é praticamente nula e, desta forma, os riscos são quase inexistentes. Por outro lado, não é do tipo que permite aos administradores tirar grandes conclusões sobre os ataques sofridos.

Normalmente, o uso de *honeypots* de baixa interatividade também está associado aos seguintes objetivos:

- Detectar ataques internos;
- Identificar varreduras e ataques automatizados;
- Identificar tendências;
- Manter atacantes afastados de sistemas importantes;
- Coletar assinaturas de ataques;
- Detectar máquinas comprometidas ou com problemas de configuração;
- Coletar código malicioso (*malware*).

Honeypots de baixa interatividade oferecem baixo risco de comprometimento e são indicados para redes de produção, quando não há pessoal e/ou *hardware* disponível para manter uma *honeynet*, ou quando o risco de um *honeypot* de alta interatividade não é aceitável.

4.2.2 – *Honeypots* de Média Interação

Aqui o nível de comprometimento é bem maior, pois o nível de detalhamento do sistema falso é tão grande que o atacante tem a sensação de estar controlando uma máquina real.

Sua vantagem é que se bem aproveitado, fornece respostas bem mais completas sobre os ataques que o *honeypot* de baixa interação. Entretanto, apresenta uma grande desvantagem. Pode servir de porta de entrada ao sistema real e o mesmo pode acabar sendo comprometido verdadeiramente.

4.2.3 – *Honeypots* de Alta Interação

Este tipo é o que fornece as maiores possibilidades de aprendizado sobre o modo de operar dos invasores. O estudo dos arquivos de *logs* gerados após ou até mesmo durante as invasões permitem aos administradores tomar todas as atitudes que julgar necessárias para fechar de forma eficiente as portas vulneráveis. Para as empresas que comercializam produtos ligados a segurança de sistemas, como fabricantes de sistemas operacionais, fabricantes de antivírus etc, conhecer a forma como um ataque é executado ou como os vírus se propagam é essencial para o desenvolvimento de sistemas mais seguros.

Os *honeypots* de alta interação são bastante perigosos e por este motivo é altamente recomendável que se crie um site falso para que as informações essenciais das empresas não fiquem expostas desnecessariamente. Não faz sentido nenhum utilizar uma ferramenta de auxílio à segurança que aumente a possibilidade de comprometimento do sistema ao qual ela deveria estar protegendo.

São indicados para redes de pesquisa e podem ser utilizados para os mesmos propósitos que os *honeypots* de baixa interatividade, mas introduzem um alto risco para instituição, e são justificáveis quando o objetivo é estudar o comportamento dos invasores, suas motivações, além de analisar detalhadamente as ferramentas utilizadas e vulnerabilidades exploradas. É importante lembrar que o uso de *honeypots* de alta interatividade demanda tempo, pessoal mais qualificado e técnicas de contenção eficientes.

Além disso, é obrigação dos responsáveis pela segurança de qualquer corporação não permitir que seus sistemas sirvam de trampolim para que os invasores ataquem outros sistemas de outras empresas. Ainda que estes invasores estejam utilizando um sistema que não pertença verdadeiramente a empresa, ou seja, ainda que ele esteja se utilizando de *honeypots*. Por isso, os *honeypots* de média e alta interação podem se tornar muito perigosos.

É uma boa prática configurar os *honeypots* de alta interação, principalmente, de forma que ele forneça respostas a algumas ações que possam permitir que sirvam de plataformas para ataques a outras empresas.

É importante ressaltar que *honeypots* devem ser utilizados como um complemento para a segurança da rede de uma instituição e não devem ser encarados como substitutos para:

- Boas práticas de segurança;
- Políticas de segurança;
- Sistemas de gerenciamento de correções de segurança (*patches*);
- Outras ferramentas de segurança, como *firewall* e IDS.

É muito difícil dizer como deve ser a arquitetura de uma *honeypot*. Cada empresa tem suas próprias necessidades, políticas e padrão de segurança, portanto, não existe um padrão para arquitetura. O fato é que a utilização dos recursos deve ser muito bem planejado, uma vez que não pode ser permitida em hipótese alguma que a utilização do *honeypot* como um trampolim para ataques a outras redes.

Este trabalho não tem de maneira alguma a intenção de esgotar o assunto *honeypot*. Até porque, devido a sua extensão, complexidade e diversidade de arquitetura e equipamentos seria uma pretensão muito além da realidade. Sendo assim, a partir de agora servirá de base para a análise a arquitetura que vem sendo utilizada com sucesso pelos idealizadores do Honeynet Project.

A arquitetura que eles utilizam para suas experiências e análises são parecidas com a que podemos verificar na figura 1.

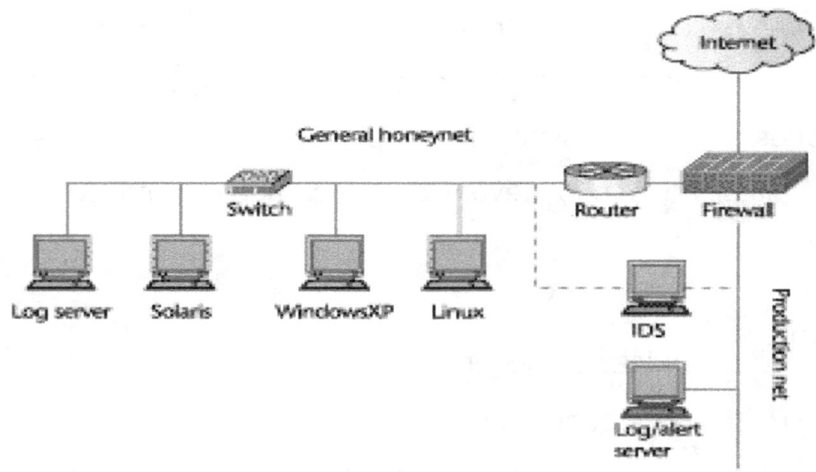

Figura 1 – Arquitetura da Honeynet Project
Fonte: SPITZNER (2002)

Na arquitetura acima são utilizadas três camadas para captura dos dados que são os *logs* de *firewall* e do roteador, os *logs* da rede e os sistemas que estão sendo invadidos. É muito aconselhável utilizar camadas tanto para captura de dados quanto para proteção de qualquer rede, uma vez que, se uma delas não agir como se espera isso implicará na falha de todo o sistema, ao passo que se tivermos várias camadas e uma ou duas delas vier a falhar, a segurança de todo o resto ainda estará mantida.

4.3 – CAPTURANDO OS DADOS PARA ANÁLISE

A primeira camada é aquela definida através do *firewall* e do roteador. Seus *logs* são de extrema importância para aprender com as informações capturadas após o comprometimento do sistema pelos invasores. Esta camada também é a responsável por alertar o administrador do sistema sobre o ataque ocorrido.

Faz parte das atribuições dessa camada também o armazenamento dos dados obtidos. Como já foi dito antes, não é interessante manter o *log* de dados dentro do mesmo *honeypot* invadido, pois, uma das primeiras tarefas do invasor será localizar este arquivo de *log* e apagá-lo ou então modificá-lo de forma que possa apagar seu rastro no sistema. A figura 2 demonstra a configuração das regras de permissão do *firewall*.

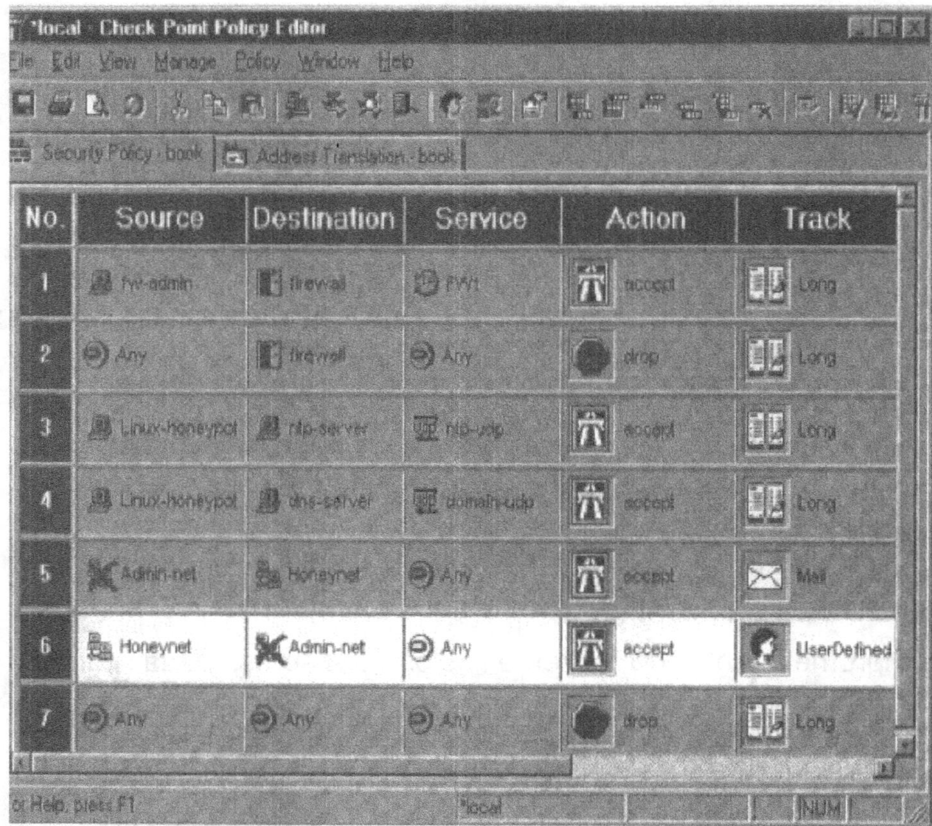

Figura 2 – Regras de permissões de um *firewall*
Fonte: WATSON (2002)

A camada intermediária é onde normalmente se coloca o sistema de apoio para detecção de invasões, os SDIs, que também já foi previamente mencionado e estudado.

Uma dúvida poderá surgir quando analisarmos a arquitetura novamente e verificarmos que o SDI não está instalado diretamente no *firewall*. Sem dúvida este tipo de configuração permitiria um sistema mais enxuto e simplificado. Entretanto, os pesquisadores da *Honeynet Project* perceberam que enquanto o SDI estivesse instalado diretamente no *firewall* aquele ficaria bem mais vulnerável.

Outra falha que perceberam foi o fato de que se ele estivesse instalado naquele local, todo o tráfego que ocorresse entre um *honeypot* e outro ficaria de fora de sua análise. O IDS que é utilizado neste projeto é o Snort, que além de ser gratuito é bastante conhecido, permitindo uma interatividade suficientemente boa para que se saiba que um ataque está em curso.

O terceiro nível de proteção é a aquele que assegura a captura dos dados dos sistemas. Ele é conseguido pela implementação de um servidor de *log* (o syslog). É ele que será o responsável por garantir que as atividades capturadas sejam mantidas a salvo, mesmo se o servidor de log da *honeypot* seja encontrado e modificado pelo *hacker*. Isso é conseguido porque os SDIs conectados a rede capturam de forma passiva os dados desse servidor de *log*.

É até desejado que o invasor realmente tente e consiga chegar ao servidor de *log*, uma vez que isso também configura um ataque. Além disso, é um ataque bem mais sofisticado que os normalmente utilizados e por este motivo permite que se aprenda ainda muito mais do que apenas analisando os ataques convencionais.

O *honeypot* não é um sistema que depois de montado está pronto, pelo contrário. Por ser uma ferramenta bastante elaborada, ele funciona de forma análoga a um antivírus, só que muito mais sofisticado. Assim como os antivírus, os honeypots necessitam de constantes modificações, melhorias e adaptações. Não existe um ataque igual ao outro pelo fato de não existir uma pessoa igual a outra. Ainda que uma invasão seja feita utilizando plataformas idênticas e ferramentas iguais, eles sempre terão peculiaridades e particularidades distintas.

Uma vez capturados os dados de uma invasão, eles servirão para que o próprio *honeypot* seja desenvolvido. Esse desenvolvimento fará com que os *hackers* utilizem novas técnicas diferentes das anteriores para invadir outra vez o sistema. Evidentemente este novo ataque será capturado e servirá para ensinar aos pesquisadores sobre as falhas encontradas. Permitirá também que novas modificações no *honeypot* sejam executadas, de forma que esta evolução nunca cesse.

Nunca se pode perder de vista também que o *honeypot* é uma ferramenta de pesquisa, mas nem por isso precisa permitir que tudo seja feito sem reação. Pelo contrário, a reação é o motivo principal da existência deles. Ocorrida a invasão o *honeypot* precisa avisar ao responsável o mais rápido possível para que a reação ocorra a tempo.

Uma das formas mais importantes que os administradores utilizam para inicialmente preparar a reação é observar o pressionamento de teclas que o *hacker* está utilizando. Através do pressionamento das teclas consegue-se ter uma idéia do que é que ele está procurando no sistema que acabou de invadir. E se os administradores sabem o que eles estão procurando podem se antecipar ou reagir rapidamente.

A reação sobre a qual se fala acima é a de verificar se os sistemas estão reagindo como esperado no caso de um ataque real. Por exemplo, uma das intenções mais básicas das invasões é utilizar o sistema invadido para organizar um ataque de recusa de serviço a outros sistemas. Através do pressionamento das teclas feito pelo *hacker*, o administrador vai imediatamente no seu *firewall* para verificar se ele está conseguindo deter essa tentativa.

Uma vez que o administrador garante que seu *honeypot* não está servindo de trampolim para este ataque, ele poderá então passar a se preocupar em verificar se a captura dos dados está acontecendo de forma conveniente e passar a estudar as ações do invasor em tempo real, o que é uma grande vantagem.

4.4 – FORMAS DE ATAQUE

Antes de começarmos a estudar os dados que se consegue capturar nas invasões sofridas, vamos verificar alguns tipos de invasões mais comuns que costumam ocorrer dentro de qualquer sistema vulnerável ou dentro de um *honeypot*.

Já foi comentado sobre os tipos de motivação que podem estimular uma pessoa a tentar comprometer um sistema. Agora, analisando estas pessoas que praticam as invasões percebeu-se que elas podem ser encaixadas em dois tipos bem definidos, ou seja, os invasores aleatórios e os invasores direcionados.

Ambos podem causar grande perigo a um sistema caso tenham sucesso em suas empreitadas, mas, são os do segundo tipo que normalmente causam os maiores danos e por conseqüência são com eles que os administradores de sistemas devem se preocupar mais.

Os invasores aleatórios na grande maioria das vezes são estudantes, ou jovens que adquiriram seus conhecimentos recentemente e querem colocá-los em prática tentando quebrar a segurança de *sites*, sistemas, empresas, etc. Tentando estabelecer um paralelo com o futebol, eles são como um time mal treinado que quando ataca vai com todos os jogadores a frente, desguarnecendo os demais setores.

Normalmente são detectados até com certa facilidade, pois, se utilizam de técnicas já muito conhecidas e por isso mesmo a maioria das empresas consegue identificar rapidamente e neutralizá-las. São as chamadas receitas de bolos. Eles possuem bons conhecimentos, mas não estão aptos ainda a desenvolver novas técnicas que poderiam comprometer realmente os sistemas.

Na grande maioria das vezes eles passam dias e dias varrendo diversas redes diferentes até conseguir encontrar um servidor que esteja vulnerável àquele tipo de ataque que ele tem conhecimento de executar. Normalmente fazem isso apenas por diversão e não costumam tirar proveito próprio com essas invasões, a não ser, inflar seu próprio ego.

O segundo grupo de invasores, aqueles chamados de invasores direcionados são os que oferecem real perigo. Eles não são pessoas que querem simplesmente testar seus conhecimentos. Normalmente sua motivação é obter ganho pessoal. Por isso seus alvos não são os sistemas simplesmente vulneráveis que eles poderiam encontrar varrendo aleatoriamente as redes. Seus alvos são normalmente alvos escolhidos.

Seu conhecimento técnico é formidável e permite que eles criem, adaptem, interpretem as vulnerabilidades dos sistemas que eles escolheram para invadir. Eles não atacam qualquer coisa. Seus alvos mais comuns normalmente são os sistemas bancários, as grandes corporações, as administradoras de cartões e etc. Uma vez escolhido o alvo, o invasor passará a estudar sua "presa" de forma que possa conhecê-la e explorar suas fragilidades.

Este tipo de invasor é o que deve ser encontrado rapidamente e deve ter suas ações interrompidas sem perda de tempo, pois, quanto mais ele permanece dentro do sistema, maior será o prejuízo que causará, quanto mais conhecer o sistema e as vulnerabilidades, maior será a amplitude do seu golpe.

Como dito, existem alguns ataques que acabam sendo os mais utilizados tanto pelos invasores aleatórios quanto pelos invasores direcionados. Estes utilizam estas técnicas como preparação para os ataques mais elaborados e tem a intenção de conhecer o sistema alvo. São eles:

4.4.1 - Ataques de Exploração

Neste tipo de ataque são utilizados programas chamados de *scanners* (varredores) que tem como função principal obter a maior quantidade possível de informações sobre o alvo.

A figura 3 demonstra como as informações se apresentam quando um invasor executa um dos tipos de ataques de exploração. Neste exemplo, ele utilizou um *software* de *scanner* muito conhecido chamado *nmpa*.

```
Starting nmap 3.20 ( www.insecure.org/nmap/ ) at 2003-05-17
13:04 GMT-3
Interesting ports on oldmbox (127.0.0.1):
(The 1600 ports scanned but not shown below are in state:
closed)
Port        State         Service
21/tcp      open          ftp
22/tcp      open          ssh
25/tcp      open          smtp
80/tcp      open          http
111/tcp     open          sunrpc
139/tcp     open          netbios-ssn
901/tcp     open          samba-swat
5432/tcp    open          postgres
6000/tcp    open          X11
10000/tcp   open          snet-sensor-mgmt
32770/tcp   open          sometimes-rpc3
Remote operating system guess: Linux Kernel 2.4.0 - 2.5.20
Uptime 6.986 days (since Sat May 10 13:24:28 2003)

Nmap run completed -- 1 IP address (1 host up) scanned in
12.867 seconds
```

Figura 3 - Exemplo de ataque de exploração

Fonte: Marcelo (2002)

Marcelo et al (2002) apresentaram em seu livro uma simulação de um ataque de exploração, conforme mostrado na figura acima.

Podemos perceber claramente através do relatório fornecido pelo *software* que ele executou uma varredura em 1600 portas do sistema em questão. De todas as portas varridas, ele encontrou 11 que estavam abertas, ou seja, estas portas se tornariam alvos preferenciais para que o ataque fosse executado. Pode ser percebido ainda que nesta simulação ele efetuou a varredura em apenas uma máquina, ou seja, apenas em um endereço Internet Protocol (IP).

Outra informação importantíssima para o invasor é o tipo de sistema operacional que estava rodando na máquina varrida. Neste exemplo, tratava-se de uma máquina Linux. O que para uma pessoa comum poderia ser interpretado como uma informação inútil, para um invasor ela é importantíssima, pois, como já foi dito anteriormente essas pessoas costumam ser dotadas de grande conhecimento técnico.

Tendo a noção do sistema operacional executado na máquina que pretende invadir, ele pode explorar as falhas de programação (segurança) conhecidas daquele sistema e assim conseguir um ataque muito mais efetivo, sem precisar ficar passando por processos de tentativa e erro. Vale lembrar que o ataque executado acima não foi real e sim uma simulação feita pelos autores do livro acima.

4.4.2 - Clonagem de *Sites*

Uma forma muito utilizada de se conseguir senhas de acesso, números de cartões, números de contas de banco e etc. é a clonagem de *sites*. Seu funcionamento é tão simples que acaba fazendo com que o usuário não levante suspeita e caia no golpe muito facilmente. Normalmente as pessoas não atentam e nem lêem as regras de segurança dos *sites* de que são usuárias e assim tornam-se alvos fáceis desse golpe. Eles imaginam que estão acessando o seu banco virtualmente, mas na verdade estão dentro de um computador que simula o espaço do banco na Internet. Com isso a captura das senhas e outras informações é bastante simples.

4.4.3 - Ataques por *Spoofing*

É uma técnica de enganar fingindo ser quem não é. O invasor utiliza para isso *softwares* que modificam o cabeçalho dos pacotes de IP, ou seja, dos protocolos de Internet e com isso conseguem fazer com eles pareçam estar sendo encaminhados por uma máquina autentica e com permissões de acesso normais.

4.4.4 - Ataques Através de Cavalos de Tróia (*Trojan*)

Com essa técnica o invasor envia de forma dissimulada *softwares* malignos que comprometeram o sistema atacado. Normalmente as vítimas nem suspeitam que foram alvos desses *softwares*. Uma das formas de propagar os cavalos de tróia é através de e-mails contendo anexos. Algumas vezes estes anexos apresentam belas apresentações em Power Point, por exemplo, e enquanto a vítima está abrindo este anexo, o programa malicioso já está executando um processo de auto instalação comprometendo aquela máquina.

4.4.5 - Ataques de Paralisação

Este tipo de ataque, que também é conhecido como *Denial of Service* (DoS), são baseados na sobrecarga de solicitações de serviços em cima de um servidor e a função básica dele é fazer com que o sistema ou o computador pare de funcionar e literalmente trave. A figura 4 ilustra este tipo de ataque.

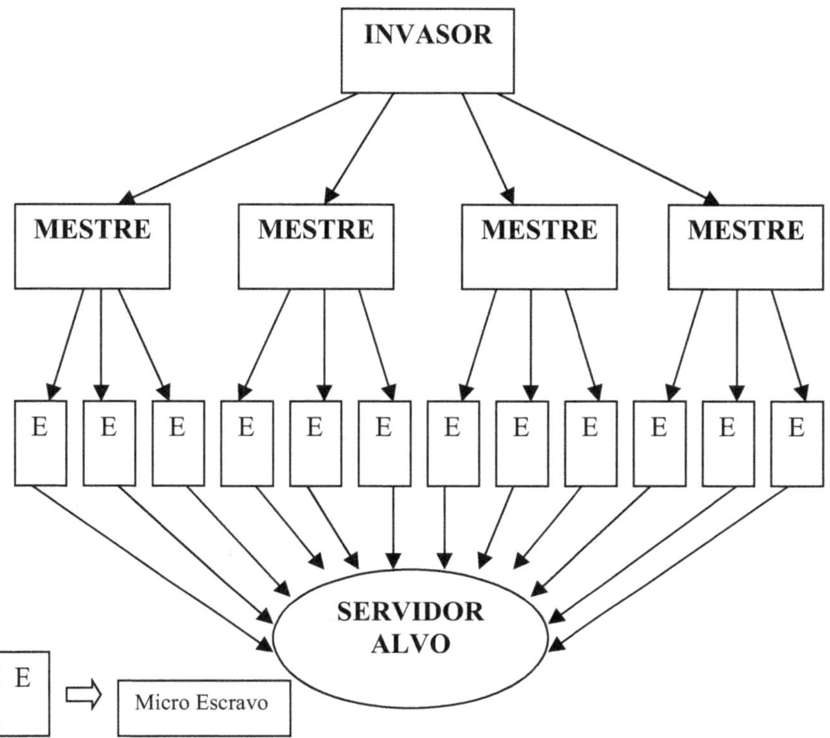

Figura 4 - Ataque tipo DoS

Fonte: Autor (2007)

De forma bem resumida podemos dizer que neste tipo de ataque o *hacker* invade e passa controlar computadores mestres na Internet. Estes computadores mestres por sua vez controlam uma série de nós que possuem diversos micros ligados a eles.

Esses micros ligados aos mestres, também chamados de escravos, através da ordem enviada pelo hacker, que agora controla todo o sistema passam a fazer requisições de serviços ao computador alvo que pode, por exemplo, ser um servidor que mantém um *site* no ar. Como ele não tem condições de atender a todas estas solicitações ele vai ficando lento até que trave por completo, tirando o *site* do ar.

4.5 – ANALISANDO OS DADOS CAPTURADOS

Um projeto de um *honeypot* nunca é algo simples. Devido a quantidade de possibilidades e variáveis envolvidas é sempre algo muito trabalhoso. Todavia, uma vez montado ele se tornará no maior aliado dos administradores de sistemas, já que permitirá a ele conhecer o seu inimigo e assim neutralizá-lo.

De todas as etapas de um projeto de *honeypot*, sem dúvida alguma a mais importante e também a mais trabalhosa é a análise dos dados. Se por um lado a captura das informações é algo essencial para que se iniciem os trabalhos, por outro lado, é através da análise do que foi obtido com esta captura que se conseguirá evoluir nos conhecimentos adquiridos dos próprios invasores e por conseqüência, tomar as providências necessárias para que aquele tipo de invasão não mais ocorra.

Especialistas estimam que esta fase é tão importante que para cada 30 minutos de invasão ocorrida num *honeypot* comprometido, são gastos aproximadamente de 30 a 40 horas de trabalho para analisar o que foi executado e o que foi tentado dentro dele. Isso quer dizer que se um invasor consegue comprometer um *honeypot* por apenas 30 minutos antes de sair, ele terá fornecido aos analistas dos dados mais ou menos 30 horas de trabalhos árduos de análises de informações.

Examinando um pequeno e simples exemplo, mostrado na figura abaixo podemos notar o quão importante é esta fase. É certo que os SDIs informam aos administradores sobre possíveis ataques que estão em andamento. Entretanto, para obter estas informações, que garantirão a defesa de todo o sistema o administrador terá que fazer uma análise dos *logs* fornecidos, para descobrir que tipo de ataque foi executado e se as precauções que ele antecipadamente tomou funcionaram.

Em muitos casos ele não está presente na área de controle do sistema no momento em que o ataque está ocorrendo. É exatamente quando esta situação se apresenta que o aviso enviado por *firewall* torna-se essencial. A figura 5 exemplifica este tipo de aviso.

```
Date: Sat, 08 Dec 2001 15:04:06 -0200
From: firewall@honeynet.org
To: admin@honeynet.org
Subject: --- Alerta de varredura de firewall ---

Você está recebendo esta mensagem porque alguém está
potencialmente fazendo varreduras em seu sistema. As informações
a seguir são de um pacote registrado pelo firewall. Este é o e-mail
de alerta número 4, com um limite de 5, de blackhat.example.com.

                ----- INFORMAÇÕES CRÍTICAS -----
                Data: 08Dec2001
                Hora: 15:04:03
                Origem:blackhat.example.com
                Destino: honeypot-4
                Serviço: rpc

        ----- ENTRADA DE LOG REAL DO FW-1 -----

08Dec2001 15:04:03 accept firewall >qfe1 useralert proto tcp src
blackhat.example.com dst honeypot-4 service rpc s_port 2335 len 48 rule 9
blackhat.example.com xlatedst honeypot-4 xlatesport 2335 xlatedport rpc
```

Figura 5 - Exemplo de alerta de *firewall*

Fonte: WATSON (2002)

No exemplo acima, o *firewall* está enviando por e-mail ao administrador o aviso de que o invasor chamado blackhat.example.com está varrendo o sistema. Observando com mais atenção a entrada real do *log* do *firewall* 1 (FW-1) pode-se perceber que a varredura está concentrada aos processos relativos aos *Remote Procedure Call* (RPC), ou chamada de procedimentos remotos.

Como o aviso está sendo enviado por e-mail, o administrador terá uma postura bem mais ativa do que se fosse ainda analisar os arquivos de *log* do SDI. Ele certamente tomará a providência de mandar testar todas as rotinas relacionadas a segurança dos processos de RPCs e muito provavelmente as reforçará caso constate que alguma delas pode apresentar vulnerabilidades ou mesmo já tenha sido comprometida. Se o administrador demonstrar bom senso, ele com toda a certeza, passará a monitorar os passos que o invasor está dando dentro do seu sistema.

4.6 – ATAQUE DE ESTOURO DE *BUFFER*

Um dos ataques mais típicos que podem ocorrer ao um sistema é o de estouro de *buffer*, muito conhecidos também como *buffer overflow*. Eles podem ser executados basicamente de duas formas, sendo uma delas um ataque direto à pilha de memória (*stack*), que é responsável por armazenar informações temporárias de uma variável local. A segunda forma é quando o ataque tem como alvo a *heap*, que é a área onde alguns programas tentarão colocar dados que mais tarde irão consultar para poderem rodar com maior facilidade e velocidade.

De forma bastante resumida, podemos dizer que os ataques de *buffer overflow* ou de estouro de *buffer* são aqueles que utilizam o transbordamento de informações para comprometer os sistemas invadidos. A intenção é exatamente essa, fazer com que os dados armazenados na *stack* ou na *heap* sejam de uma quantidade tão grande que alguns acabem por "transbordar" para a área de processamento. Uma vez que eles caiam nessa área, o processador tenderá a executá-los como se eles fossem os primeiros dados de uma pilha que já estava programada para ser executada.

Estes tipos de ataque, em seu modo mais básico causam os inconvenientes travamentos de sistemas. Em outros casos, o computador pode entrar num *loop* de reinicialização infinito, já que ele em situação normal não conseguirá fazer o transbordamento cessar e, desta forma, o sistema não consegue mais executar absolutamente nada.

Em casos mais elaborados, os *hackers* podem forçar o transbordamento de algum programa malicioso, como se fosse parte de outro programa ainda maior e assim tomar deliberadamente o controle daquele computador ou do sistema, caso a máquina invadida tenha prerrogativas suficientes que permitam tal ação.

Watson et al (2002) em sua obra demonstram como conseguiram perceber e aprender bastante com o ataque de estouro de *buffer* executado contra a *honeynet* que eles criaram e ainda mantém em funcionamento. Em um determinado momento, os administradores passaram a receber por *e-mail*, avisos enviados por seu firewall informando que o sistema estava novamente sendo varrido.

Vale lembrar que os ataques de varredura são normalmente os que iniciam ataques maiores que realmente poderão ocasionar danos aos sistemas. Usando um pouco de abstração e comparando estes ataques com uma guerra convencional, este tipo de ataque está para os sistemas computacionais, assim como os batedores estão para um batalhão. Em ambos os casos eles irão colher informações necessárias sobre as vulnerabilidades do oponente para em seguida poder executar o ataque principal e realmente perigoso.

Na figura 6 podemos observar os alertas enviados pelo *firewall* para os e-mails dos administradores.

Figura 6 - Exploração preparatório para ataque de *buffer overflow*

```
Date: Wed, 26 Apr 2000 06:44:25 -0600 (CST)
From: ids@honeynet.org
To: admin@honeynet.org
Subject: --- Alerta de varredura de firewall ---

Você está recebendo esta mensagem porque alguém está
potencialmente fazendo varreduras em seu sistema. As informações
a seguir são de um pacote registrado pelo firewall. Este é o e-mail
de alerta número 1, com um limite de 5, de 213.28.22.189.

     ----- INFORMAÇÕES CRÍTICAS -----

     Data: 26Apr2000
     Hora: 06:44:25
     Origem: 213.28.22.189
     Destino: victim7-ext
     Serviço: telnet

     ----- ENTRADA DE LOG REAL DO FW-1 -----

26Apr2000 06:44:25 accept firewall >qfe1 useralert proto tcp 213.28.22.189 dst
victim7-ext service telnet s_port 1818 len 44 rule 12 xlatesrc 213.28.22.189
xlatedst victim7-int xlatesport 1818 xlatedport telnet
```

Fonte: Watson (2002)

Quando iniciaram o acompanhamento do processo de invasão, puderam não apenas constatar que a mesma tinha realmente acontecido, mas também que o invasor conseguiu adquirir privilégios de sistemas de super usuário, também conhecido como *root*.

Os sistemas baseados em plataformas Unix, como por exemplo, o Linux e evidentemente o Unix possuem um usuário que possui privilégios de acessar, modificar, substituir arquivos de sistemas, ainda que estes arquivos não sejam de sua propriedade. A esses usuários foi dado o nome de usuário *root*, ou super usuário.

Para o caso deles, isso foi sem dúvida uma maravilha ter acontecido. É sempre bom lembrar que o intuito maior da construção e manutenção de um *honeypot* ou até mesmo de uma *honeynet* é o aprendizado oferecido pelos próprios inimigos.

Evidentemente que os honeypots, que são construídos para permitir que o invasor tenha sucesso, precisam oferecer um conjunto de segurança próximo do real, tanto para que o invasor não desconfie que está sendo observado dentro de um honeypot, quanto para que este não seja usado como trampolim pelo invasor para realmente comprometer sistemas corporativos reais.

No caso deles, a possibilidade de aprendizado com este ataque era algo bastante motivador, mas se tivesse ocorrido a um sistema corporativo real, é mais que certo que seus administradores não ficariam nem um pouco satisfeitos com esta invasão. Imagine um sistema bancário que foi burlado e onde o invasor adquiriu permissões de um super usuário. Os prejuízos financeiros poderiam ser enormes.

O próximo passo do processo de análise do ataque que eles sofreram é a análise dos arquivos de *log* do sistema. Foi através dele que puderam perceber que o ataque foi lançado através da porta 53. Essa é uma porta normalmente usada pelos

Domain Name System (DNS), ou seja, são os servidores que resolvem ou traduzem os nomes dos *sites* em um endereço IP.

A figura 7 demonstra que o ataque exploratório realmente aconteceu e foi direcionado à porta 53.

```
Apr 25 02:08:07 ids snort[5875]: IDS278/named-probe-version:
63.226.81.13.4499 -> 172.16.1.107:53
Apr 25 02:08:07 ids snort[5875]: IDS278/named-probe-version:
63.226.81.13:4630 -> 172.16.1.101:53
```

Figura 7 - Ataque exploratório capturado pelo SDI (Snort)
Fonte: Watson (2002)

Podemos verificar também que os alertas gravados no SDI utilizado pelos autores (o Snort), aparecem referências ao tipo de ataque executado, neste caso, o IDS278. Este tipo de aviso é normalmente dado para indicar um ataque de preparação, onde serão colhidos os dados sobre as vulnerabilidades do DNS que se pretende invadir. Estudos indicam que quase sempre isso é feito pelos invasores antes de iniciarem um ataque de estouro de buffer.

Os endereços que aparecem na figura também indicam que apenas os IPs de dois honeypots utilizados como servidores de DNS foram varridos. Na verdade ele iniciou um processo de sondagem para verificar as vulnerabilidades destes DNS e assim aproveitá-las.

4.7 – FERRAMENTAS AUXILIARES AOS *HONEYPOTS*

Com tudo o que foi exposto até agora, é possível perceber que não se pode em hipótese alguma achar que um sistema está invulnerável a todos os tipos de ataques. A criatividade dos invasores está cada vez maior e é quase impossível prever quando e como um sistema estará sendo alvo de uma varredura ou mesmo de um ataque.

As ferramentas utilizadas pelos *hackers* também estão cada vez mais sofisticadas. Muitos desses invasores chegaram a um nível de conhecimento e tecnologia tamanho que já são capazes de desenvolver por si próprios *softwares* que os auxiliam a burlar os processos defensivos empregados pelos administradores de sistemas. Isso torna a defesa ainda mais difícil, pois como as ferramentas são desenvolvidas por eles próprios, sempre leva algum tempo para que se consiga projetar sistemas que as detectem e as bloqueiem.

Contudo, existem algumas ferramentas desenvolvidas no mercado que empregadas em conjunto com os *honeypots* aumentam a confiabilidade de quaisquer sistemas, como por exemplo, o Snort e o The Coroner's Toolkit. Quando empregadas conjuntamente, possibilitam aos administradores perceber situações não previstas inicialmente e com isso podem imediatamente iniciar uma análise detalhada do que está ocorrendo e assim identificar se aquele comportamento imprevisto é ou não um novo tipo de ataque.

O Snort é um poderoso conjunto de ferramentas de detecção de intrusos desenvolvida por Martin Roesch, que permite uma análise do tráfego de dados (pacotes) que está ocorrendo em uma determinada rede em tempo real. Entre suas funcionalidades estão a possibilidade de detectar ataques de sondagens de portas, ataques de estouro de *buffer*, comparação de protocolos de conteúdos com outros similares baseados em uma rede de dados previamente estabelecidos.

Ele também possui uma lista bastante extensa de assinaturas de vírus conhecidos e que pode ser atualizado por seus próprios usuários. Por ser um SDI de código aberto, ele conta com a grande vantagem de sofrer constantemente atualizações por parte de seus usuários, o que o torna sempre atual e muito funcional.

O The Coroner's Toolkit, assim como o Snort, também é um conjunto de ferramentas auxiliares que aumentam a segurança dos sistemas que o utilizam. Inicialmente desenvolvido para análises forenses de sistemas comprometidos, caiu nas graças do grande público por possui diversas funcionalidades que auxiliam na identificação de invasões e sistemas comprometidos.

Uma das primeiras preocupações que um *hacker* tem após invadir um sistema seja ele qual for, é o de tentar apagar os rastros que qualquer invasão deixa nos sistemas. Assim sendo, os arquivos de *log* são alvos preferenciais, já que quando a invasão estiver terminada eles querem permanecer ocultos.

Na maioria dos casos estes arquivos são completamente apagados ou sofrem modificações que tornam a identificação do invasor quase impossível. E é exatamente aí que entra uma das principais funcionalidades deste conjunto de ferramentas, a recuperação de dados excluídos.

Eles podem ser recuperados através da identificação dos *inodes*, que são arquivos presentes nos sistemas Linux que guardam as características sobre todos os arquivos contidos naquele sistema. Os *inodes* permitem identificar quem foi o desenvolvedor daquele arquivo, que tipo de permissões estão contidas neles, de que tipo são e etc. O The Coroner's Toolkit possui a ferramenta chamada *icat* que identifica os *inodes* e através deles consegue recuperar os dados que foram perdidos ou apagados.

O uso do Snort e do The Coroner's Toolkit em conjunto com as outras ferramentas empregadas nos *honeypots* aumenta muitíssimo a gama de possibilidades, tanto nas análises das invasões, quanto na recuperação dos dados apagados ou modificados, sem contar o aumento da segurança como um todo.

Entretanto, de nada adiantam as ferramentas se não houver quem as saiba utilizar, configurar e interpretar suas respostas. Já foi dito que para cada 30 minutos de invasão, teremos entre 30 e 40 horas de estudo aos dados capturados. Então, é extremamente necessário e desejoso que existem pessoas aptas a operar os *honeypots* e suas ferramentas para que se passa realmente entender as formas com que os ataques ocorrem e como fechar as portas que permitiriam que as invasões pudessem continuar a ocorrer.

5 - CONCLUSÃO

A popularização dos computadores aliada a veloz expansão da Internet despertou o interesse de todos por um novo tipo de negócio, o chamado *e-commerce*, devido a comodidade, praticidade, velocidade e eficiência obtida através dele. Até mesmo a resistência inicial que as novidades costumam causar não foi capaz de conter a expansão das transações comerciais executadas por meios eletrônicos.

A interligação dos computadores em rede foi um dos grandes incentivadores da globalização dos negócios. Com ela, mesmo pequenas empresas situadas no interior do país passaram a ter condições de oferecer produtos e serviços em escala mundial. As fronteiras foram superadas, as barreiras estão sendo derrubadas e a união das nações em blocos comerciais contribuiu ainda mais para esse crescente comércio.

Contudo, onde o dinheiro trafega em abundância sempre existem pessoas interessadas em ganhá-lo por meios ilícitos.

Iniciou-se uma corrida contra o tempo na tentativa de tornar as transações eletrônicas mais seguras e confiáveis. Programas antivírus, *firewalls*, e até mesmo sofisticados SDIs foram desenvolvidos e estão em constante evolução para conter os ataques diários que passaram a ocorrer aos sistemas empresariais e aos computadores pessoais.

Porém, a grande maioria dessas ferramentas fornece proteção apenas contra ataques já são conhecidos, contra vírus que já infectaram diversos computadores e sistemas, que já se propagaram, ou seja, são ferramentas passivas de contenção e não de prevenção.

Os *honeypots* foram desenvolvidos exatamente para preencher essa lacuna entre a detecção de um ataque virtual e a implementação de uma defesa eficiente. Esse tempo entre ambos os processos pode ser grande demais a ponto de comprometer todas as finanças ou informações de uma corporação.

Pudemos concluir neste trabalho que os *honeypots* são ferramentas revolucionárias exatamente por este motivo. Conseguem identificar, por exemplo, uma nova assinatura de vírus em seu estágio inicial, quando os invasores ainda estão testando seu funcionamento. Analisam o comportamento de *softwares* e processos permitindo identificar um comportamento potencialmente perigoso ou suspeito. Possibilita desenvolvimento de novas técnicas, assim como vacinas quase que paralelamente a criação dos vírus, contribuindo para que os ataques sejam contidos ou tenham seus efeitos atenuados.

Os *honeypots* fornecem aos seus administradores liberdade suficiente para simular brechas sistêmicas, abrir portas de acesso e simular vulnerabilidades, proporcionando aos invasores a sensação de estarem dentro do sistema corporativo real, o que permite aos administradores aprenderem com as ações executadas pelos mesmos.

Este trabalho procurou demonstrar que as boas práticas de segurança continuam a ser uma forma eficiente de manter a integridade das informações corporativas e sistemas como um todo. Contudo, já existem ferramentas que permitem um controle ativo sobre todos os dados que podem ou não trafegar num ambiente de rede. Essas ferramentas são os *honeypots,* que tem demonstrado ser as melhores armas atualmente contra invasões e acessos não autorizados, uma vez que permite aprender com os próprios invasores os métodos, ferramentas e fórmulas que eles utilizam para burlar a segurança.

Enfim, conhecer o inimigo é a melhor maneira de conseguir derrotá-lo e atualmente não existe ferramenta que permita conhecer o oponente virtual de forma mais eficiente, aprofundada e detalhada que os *honeypots*.

6 - BIBLIOGRAFIA

ASSUNÇÃO, Marcos e VALHALA, Flavio., *Honeypots* **1.5.1**, Disponível em <http://angela maa.sites.uol.com.br/index.htm>, Acessado em 05/01/2007.

CAIXA ECONÔMICA FEDERAL, **Certificação Digital**, Disponível em <http://www.caixa.gov.br/acaixa/index.asp>, Acessado em 22/04/2007.

CAMPAN, C., **Ferramentas de Segurança**, Disponível em <http://www.rn p.br/newsgen/9711/seguranca.html>, Acessado em 01/02/2007.

CERTISIGN, **Certificação Digital**, Disponível em <http://www.certisign. com.br/companhia/a-certisign/>, Acessado em 22/04/2007.

CONSÓRCIO BRASILEIRO de HONEYPOTS, **Projeto de Honeypots Distribuídos**, Disponível em <http://www.*honeypots*-alliance.org.br/index-po.html>, Acessado em 17/03/2007.

DAWEL, George, **A Segurança da Informação nas Empresas – Ampliando Horizontes além da tecnologia**, Ciência Moderna, Rio de Janeiro, 2005.

FREEDMAN, Alan, **Dicionário de informática**, Makron Books, São Paulo, 1995.

HONEYNET, **HONEYNET.BR PROJECT**, Disponível em <http://www. honeynet.org.br> , Acessado em 17/03/2007.

HONEYPOTS, *HONEYPOTS* **– Um projeto Pró-Ativo em Segurança de Redes**, Disponível em <http://cbpfindex.cbpf.br/publication_pdfs/nt00606.20 06_08_ 09_16_ 30_ 44.pdf>, Acessado em 17/03/2007.

ITI - Instituto Nacional de Tecnologia da Informação, **Certificação Digital**, Disponível em <http://www.iti.br/twiki/bin/view/ITI/Apresentacao>, Acessado em 22/04/2007.

IMESP, **Certificação Digital**, Disponível em <http://www.imesp.com.br/Port allO/Home_1_0.aspx>, Acessado em 22/04/2007.

MARCELO, Antônio e PITANGA, Marcos, *Honeypots* **A Arte de Iludir** *Hackers*, Brasport, Rio de Janeiro, 2003.

PRODEMGE, **Certificação Digital**, Disponível em <http://www.prodemge. mg.gov.br/apresentacao_empresa.asp>, Acessado em 22/04/2007.

SCHETINA, Erik , GREEN, Ken e JACOB, Carlson, **Aprenda a Desenvolver e Construir** *Sites* **Seguros** – Internet Site Security, Campus, São Paulo, 2002.

SERASA, **Certificação Digital**, Disponível em <http://www.serasa.com.br>, Acessado em 22/04/2007.

SINCOR, **Certificação Digital**, Disponível em <http://www.sincor.org.br/ conteudoPortugues/modeloHome.aspx?codConteudo=3&Secao=home>, Acessado em 22/04/2007.

SPITZNER, Lance, **Honeypots: Tracking Hackers**, Addison-Wesley, Boston, 2002.

TORRES, Gabriel, **Redes de Computadores Curso Completo**, Axcel Books, São Paulo, 2001.
WATSON, Denoris e JUSTICE, Dawson P., **Conheça Seu Inimigo – O Projeto Honeynet**, Makron Books, São Paulo, 2002.